AF331147

L'ATHÉISME

DÉNONCÉ PAR LUI-MÊME,

OU

LES ATHÉES

CITÉS AU TRIBUNAL DE L'OPINION,

PAR M. JÉRÔME DELALANDE,

Auteur du Dictionnaire des Athées.

Publié par J.-B.-A. MENNESSON.

A EPERNAY,

De l'Imprimerie de WARIN-THIERRY, rue
Porte-Châlons, au Livre d'or.

1806.

Dixit insipiens in corde suo : non est Deus.

AVANT - PROPOS.

C ET Opuscule n'est que l'analyse d'un grand procès qui s'instruit au tribunal de l'opinion, et dont l'Auteur du Dictionnaire des Athées a lui-même fourni les charges. Je ne suis ici que rapporteur; le public seul doit être juge. Lorsque les faits parlent d'eux-mêmes, les longs écrits sont superflus; on ne s'amuse pas à démontrer l'évidence.

Lorsque toutes les bienséances sociales sont violées; lorsque tous les principes de l'ordre sont ouvertement attaqués, tout citoyen a droit de se montrer et d'en prendre ouvertement la défense. Son droit dérive de son titre. Dissimuler la vérité qu'on doit à son pays, c'est la trahir, c'est le livrer à son ennemi. Il ne faut pas que la voix de l'honneur se taise devant le courage de la honte.

Il faut à l'avocat du mensonge plus de talent qu'à celui qui défend la vérité. L'adversaire qui la combat a sur moi l'avantage d'un nom célèbre ; mais j'ai sur lui l'avantage de la bonne cause. Les honnêtes-gens seront pour moi : aux yeux de l'impartialité l'autorité de la raison est toujours la plus forte ; et dans la balance de la justice, c'est son poids qui décide.

S'il s'agissoit ici d'une question d'algèbre ou d'un problème d'astronomie, l y auroit, sans doute, de la présomption à lutter contre un tel adversaire ; son triomphe seroit infaillible ; mais lorsqu'il est question des vérités de sentiment ou des principes de la morale, tous les hommes se rapprochent et les sages rentrent sous le niveau de l'égalité : les insensés sont ceux qui s'écartent du sens-commun.

« *Un sot savant est sot plus qu'un*
« *sot ignorant.* »

LETTRE

D'UN FRANÇAIS,

AU DIRECTEUR DE LA GAZETTE DE FRANCE,

SUR M. JÉRÔME DELALANDE.

Monsieur, vous êtes Citoyen, vous êtes Écrivain, et vous aimez la vérité ; permettez à un homme sincère, à un Campagnard qui ne connoît ni le besoin ni l'art de dissimuler, de vous faire part de quelques observations au sujet de la nouvelle édition du *Dictionnaire des Athées* qu'on vient de nous annoncer.

Le public, témoin de la scandaleuse profession de foi dont un astronome célèbre, l'auteur de ce Dictionnaire, vient de flétrir son nom aux yeux de l'Europe entière, le public indigné, a vu avec le plus vif intérêt, dans votre journal consacré à la défense de tous les principes qui honorent la patrie et l'humanité, la réclamation pleine de sens et de dignité qu'un de nos premiers Magistrats, M. François-de-Neuf-Chateau, vient de porter lui-même au tribunal de l'opinion.

Cet exemple honorable, donné par un Magistrat-citoyen et par un Littérateur-philosophe, est un nouveau titre de gloire ajouté à tous ceux qui le recommandent depuis long-temps à la reconnoissance de ses compatriotes et à la considération des étrangers. Les honnêtes-gens de tous les pays applaudiront à cette conduite franche et généreuse, qui repousse comme une injure faite à son caractère personnel, une adoption qui porteroit une atteinte directe à la morale publique ; ils verront avec satisfaction le Chef d'un corps illustre, le Président du Sénat conservateur de la France, rendre un hommage éclatant aux principes dont dépendent l'existence et le bonheur des sociétés politiques.

Certes ! il est bien temps que tous les fonctionnaires éclairés, que tous les citoyens vertueux dont s'honore encore notre nation, se liguent et se donnent la main pour arrêter ce torrent de systêmes dévastateurs qui menace de tout détruire dans son cours, qui étend ses ravages d'un siècle aux autres siècles, d'un peuple aux autres peuples sur toutes les institutions sociales consacrées parmi les hommes, et qui entraîne à la fois dans une ruine commune les mœurs, les talens, les lettres, les sciences, les arts, les lois, les cultes et les gouvernemens ! . . .

Quoi donc ! ignorent-ils, les auteurs de ces affreux systêmes, que ce sont leurs principes pervers qui ont causé tous nos malheurs politiques ? Ignorent-ils que ce sont leurs dogmes impies qui ont enfanté tous les crimes de notre révolution ? que c'est à leur école que se sont formés tous les monstres qui ont déchiré le sein de leur patrie dans ces derniers temps ? que les Marat, les Robespierre, les Collot-D'herbois, les Chaumette, les Hébert, les Carrier, les Babœuf, et toute cette foule de scélérats incendiaires qui ont allumé au milieu de nous les torches de la discorde, sont sortis des antres de l'athéisme, et qu'ils en avoient sucé tous les principes ?

Que deviendroit la France, Grand Dieu ! que deviendroit l'Europe entière s'il n'y avoit que de tels élèves à la tête de tous les gouvernemens, ou si toutes les nations, frappées du même délire, se conduisoient d'après les leçons de tels instituteurs ? il est clair que le monde civilisé seroit détruit dans ses fonde-mens, qu'il n'y auroit bientôt plus d'autre société sur la terre que celle des tigres ou des cannibales, et que le genre humain abruti retomberoit dans les mœurs féroces de l'état sauvage. Telles sont, oui, telles sont les consé-quences inévitables et terribles qui résulteroient pour nous de l'oubli du Souverain législa-teur.

O Monsieur Delalande ! Dieu nous préserve d'être gouvernés par des astronomes tels que vous ! Dieu préserve les peuples de vous voir jamais descendre de votre observatoire pour monter sur le trône !

Vous êtes bon athée, vous seriez mau-vais prince.

Continuez, Monsieur, continuez d'observer le ciel dont vous méconnoissez l'auteur, et laissez respirer la terre qui redoute le règne des tyrans ; laissez-nous marcher en paix sous l'œil de la providence, et gardez pour vous seul le flambeau de l'athéisme : la lumière philosophique qui vous éclaire éblouiroit notre foible vue ; *le pain des forts*, dont vous faites votre nourriture, ne convient pas aux esprits

vulgaires ; c'est un aliment de trop forte di-
gestion et qui doit être exclusivement réservé à
ces génies sublimes qui planent comme l'aigle
au-dessus des nuages, et qui portent leurs
têtes dans les astres.

Vous êtes un grand philosophe, Monsieur,
et je ne suis pas un grand prophète ; j'ose
vous prédire, cependant, que votre Dictionnaire des athées ne fera pas fortune. Le peuple
est un animal de routine ; il est croyant de
sa nature, et il aimeroit mieux ajouter foi
aux rêveries de Nostradamus que de prêter
l'oreille à vos leçons de spinosisme ; il mépri-
sera vos belles découvertes et vos doctes blas-
phêmes, et il continuera *d'adorer Dieu* comme l'adoroient ses pères, comme l'adoroient
Newton, Locke, Descartes, Leibnitz, Euler,
Pascal, Bossuet et Fénélon, qui avoient bien
autant de lumières que vous, et qui avoient
sans doute plus de modestie.

Un astronome athée, a dit un sage an-
glois, *ne peut être qu'un insensé.* Ce n'est
pas moi, Monsieur, qui porte ce jugement
sévère, c'est Young ; mais je vous observe que
dans l'opinion de ce poëte religieux, ce que
vous appelez *le pain des forts* ne seroit plus
que *le pain des fous*. J'en suis fâché pour

vous, Monsieur, et j'aime mieux croire, pour votre honneur, que l'usage que vous en faites n'est qu'une erreur de régime. Quant à moi, qui me borne avec le peuple au pain commun de l'évangile, et qui le préfère à celui qu'on mange à votre table, je suis loin de vous envier les mets plus recherchés que vous partagez avec vos illustres convives, avec tous ces grands-hommes que vous honorez d'un brevet d'impiété, et qui occupent une place dans votre Dictionnaire. J'aimerois autant avoir obtenu de vous, comme le dit M. François-de-Neuf-Château, le privilège d'en occuper une aux petites-maisons.

Si, lorsque vous avez conçu l'idée (vraiment neuve) de ce Dictionnaire, vous n'avez eu d'autre but que celui de faire parler de vous, vous avez complètement réussi. Cet ouvrage vous distingue en effet dans le monde savant; il vous tire de la foule; il vous élève au-dessus de tous vos rivaux ; il doit faire époque dans les annales de l'esprit humain, dont il atteste les rares progrès ; c'est le dernier effort du génie philosophique du dix-huitième siècle ; c'est votre chef-d'œuvre, enfin, celui dans lequel vous vous êtes surpassé vous-même, et c'est ici qu'il faut dire que vous avez justifié plusque personne ce mot si connu de Cicéron : « *Qu'il n'y a point de sottise si étrange, point d'idée si extravagante et si ridicule, qui ne puisse tomber dans la tête d'un philosophe.* »

J'aurois encore beaucoup de choses à vous dire, Monsieur; mais les bornes d'un journal m'avertissent de celles que je dois donner à ma lettre, et c'est assez pour cette fois.

« *Le secret d'ennuyer est celui de tout dire.* »

J'ai l'honneur d'être, Monsieur, avec toute la franchise et toute la liberté que vous mettez vous-même dans vos communications; avec autant d'estime pour vos talens que d'aversion pour l'athéisme et de respect pour l'astronomie,

Votre, etc.

M.****

OBSERVATIONS

D'UN CROYANT,

A M. JÉRÔME DELALANDE,

Sur son Dictionnaire des Athées.

Monsieur, ce n'étoit pas assez pour vous de prophétiser les éclipses et de régner dans les almanachs; il falloit quelque chose de plus à votre ambition, à ce que vous appelez vous-même votre *hydropisie de vanité*, et vous voilà revenu à l'athéisme pour faire plus de bruit dans le monde. Vous avez enfin donné un grand scandale, et vous devez être content; car on parle beaucoup de vous.

Mais, raisonnons un peu. Lorsque le père Hardouin s'avisa de nier l'existence de César et d'Alexandre, on le regarda comme un fou. Vous allez beaucoup plus loin, Monsieur; car vous niez la providence, dont l'univers atteste les bienfaits. Depuis soixante ans vous avez les yeux fixès sur les constellations du firmament; vous vous vantez d'avoir fait l'inventaire du ciel; vous avez enregistré vingt-six mille étoiles, sans compter un assez grand nombre de comètes; ces constellations, ces étoiles, ces comètes, ne vous ont-elles jamais parlé de Dieu? ce spectacle ne vous a-t-il jamais frappé? tant de merveilles ne vous font-elles pas soupçonner l'existence d'un grand ouvrier? « Est-ce vous, pour me servir des « paroles de Job, est-ce vous qui avez for-« mé les cieux plus solides que l'airain? « est-ce vous qui, depuis que vous êtes au « monde, avez donné des ordres à l'étoile du « matin, et qui avez montré à l'aurore le « lieu où elle doit naître? »

Mais votre doctrine n'est pas seulement déraisonnable : aussi vous traite-t-on beaucoup plus mal qu'on ne traitoit le révérend père Hardouin; et le seul parti qui vous reste à prendre, c'est d'avouer que vous n'êtes pas de bonne-foi. Il ne vous manquera pas de preuves, et je vais vous en indiquer quelques-unes.

1.º Vous avez pris pour épigraphe de vos élémens d'astronomie, ces paroles du psalmiste : *Cœli enarrant gloriam Dei*. On doit supposer que vous savez assez de latin pour ne pas vous être trompé sur le sens de ces paroles ; les cieux , vous en convenez , vous ont appris qu'il existoit un Dieu.

2.º Vous avez inscrit dans votre Dictionnaire des athées, Pascal, Fénélon et Bossuet ; un jour qu'on vous demandoit si vous aviez des preuves : « Je n'en ai aucune, avez-vous « répondu ; mais Bossuet, Fénélon et Pascal « étoient des *gens de beaucoup d'esprit.* » Si l'esprit est une preuve d'athéisme, n'avez-vous pas mille raisons pour vous justifier ?

3.º Vous êtes convenu que l'athéisme étoit une doctrine dangereuse, funeste à la société; qu'il ne falloit pas la prêcher en public. Il me semble qu'on pourroit conclure de là , que votre systême n'est que le calcul de votre vanité , et non une affaire de conviction. Je vous crois trop attaché aux biens de ce monde pour chercher à mettre votre valet de chambre au rang *des hommes sans Dieu.*

4.º On vous a plusieurs fois entendu répéter que l'athéisme étoit *le pain des forts*; mais vous n'avez jamais pris la peine d'établir la moindre preuve pour convaincre vos néophytes; au contraire, les philosophes qui se vantent de croire en Dieu, ne négligent point de prouver son existence, qui, d'ailleurs est prouvée par tout ce qui existe. Ainsi, lorsque vous affectez de n'appuyer votre doctrine sur aucun argument quelconque, il est évident que vous êtes bien assuré qu'on ne vous croira point sur votre parole.

Ne vous souvient-il pas, Monsieur, de certains vers de Voltaire sur l'existence du grand-ETRE, et qui causèrent un grand scandale parmi *les forts* de ce temps-là ?

Il est vrai, j'ai raillé les billets et la bulle;
Mais j'ai sur la nature encor quelque scrupule;
L'univers m'embarasse, et je ne puis songer
Que cette horloge existe et n'ait point d'horloger.

Vous voyez bien, Monsieur, que le rôle que vous jouez n'est rien moins que neuf; vous arrivez trop tard. La mode de l'athéisme commence à vieillir. Vous auriez dû publier votre supplément quelques années plutôt; il auroit peut-être passé sans réclamation. Je sais que ces réclamations vous ont causé la plus grande joie; vous leur devez le bonheur de voir votre nom répété dans tous les journaux. Mais elles seront bientôt oubliées; vous ne serez pas plus connu demain que vous ne l'étiez hier. Ce néant que vous invoquez, menace déjà votre renommée. Je suis bien fâché de vous le dire ; mais les travers d'esprit, les opinions scandaleuses ne mènent plus à rien ; et malheureusement pour vous les choses n'iront pas jusqu'à la persécution.

Vous avez consacré toute votre vie à l'étude de l'astronomie; vous vous êtes en quelque sorte emparé du ciel, et l'on ne peut plus y découvrir une étoile sans votre permission ; il me semble que cet honneur devoit vous suffire ; mais après soixante ans de travaux utiles, vous voulez vous immortaliser par le ridicule; et comme si vous n'aviez rien fait, vous courez après la gloire des paresseux. Ce calcul est fort mal-adroit et vous réussira mal. Déjà même on vous soupçonne de n'avoir jamais regardé la route étoilée, et personne ne veut prendre de vos almanachs.

Sans croire, comme vous, que vous soyez un modèle accompli de grace et de vertu, ceux qui vous connoissent vous accordent des qualités estimables ; mais vos opinions ont tout gâté. On redoute votre abord; on repousse votre amitié; chacun craint de voir son nom dans votre bouche; on refuse de vous jusqu'à la louange : la louange qui a tant de charmes pour tout le monde, et que les hommes, dit Labruyère, ont coutume de recevoir de toutes mains.

Voyez donc l'abîme où vous entraîne votre amour-propre, et convenez enfin que vous n'êtes pas de bonne-foi. Avouez qu'il existe un Dieu créateur; ce Dieu est bon; il permettra qu'on parle encore de vous; il vous conservera même une petite place dans les journaux; au défaut de l'athéisme, il vous restera des moyens de célébrité; vous avez un goût singulier qui peut faire beaucoup de bruit dans le monde, et vous pouvez encore occuper la renommée en mangeant des araignées. *

Je vous souhaite bien du plaisir, Monsieur, et j'ai l'honneur de vous saluer.

M.****

* (*Note de l'Éditeur.*) Le goût connu de M. Delalande, pour les araignées, n'est peut-être pas aussi singulier qu'on pourroit le croire. J'ai connu, en France, un homme qui auroit pu faire le pendant de cet homme célèbre; qui auroit pu tenir table et faire assaut de cuisine avec lui. Cet homme,

à la vérité, ne mangeoit pas des araignées; mais il mangeoit des crapauds, des couleuvres, des chauves-souris, et d'autres friandises de cette espèce; et la variété de ses goûts bisarres l'auroit mis, sans doute, en état de rivaliser et peut-être de surpasser M. Delalande dans ce nouveau genre de réputation. Mais ce qu'il y a ici de plus étonnant, ce qui établit un nouveau rapport de conformité bien frappant et bien extraordinaire entre ces deux hommes, de conditions d'ailleurs si différentes, c'est que celui dont je parle, pauvre journalier de son état, mais philosophe aussi à sa manière, quoique fort ignorant sur toutes choses, se piquoit également de ne croire ni à Dieu, ni à l'ame, et rejetoit absolument toute idée de religion; il étoit cynique, frondeur, bel-esprit même, et il avoit sans cesse le blasphême sur les lèvres. Quoique vivant du *pain des forts*, cet homme étoit assez mécontent de la vie; il rouloit depuis long-temps dans sa tête le projet d'en sortir, et un beau matin il disparut. Qui pouvoit en effet le retenir parmi les hommes? Un athée ne tient à rien dans le monde; c'est un être hors de la nature. un corps sans ame, et on peut dire en un sens qu'il ne meurt pas.

> Celui qui vit sans Dieu vit aussi sans patrie;
> De la Société il méconnoit les lois;
> Son cœur est déjà mort à la sainte amitié:
> De la nature-même il n'entend plus la voix.

On pourroit lui appliquer ces deux vers si connus, et qui caractérisent si bien ces hommes de boue, ces prédicateurs du néant :

Corpore cum fœdo , species est fœdior oris ,
Fœdum pectus habet , fœdius ingenium.

En réfléchissant sur cette triste et étonnante conformité de goûts et de sentimens dont l'histoire de cet athée-sans-culotte, nous offre le phénomène, ne seroit-il pas permis de conjecturer que, d'après certaines lois physiques de notre organisation , qui nous sont inconnues, il existe une sorte de correspondance nécessaire ou d'influence déterminée et réciproque entre les goûts et les sentimens naturels de l'homme; de manière que la dépravation des uns entraîne presque toujours celle des autres, et que son être s'altère ou se détériore tout entier comme on voit qu'il s'améliore et s'élève en vertu de sa perfectibilité qui est un de ses attributs essentiels? Qui sait même si ce régime monstrueux, si cet usage abusif d'un aliment directement contraire aux appétits bien ordonnés de la nature, ne porte pas dans le sang et dans les humeurs un levain de corruption et de malignité qui en viciant à-la-fois tous les organes, jète le trouble et le désordre non-seulement dans les fonctions de la vie animale, mais même dans les opérations intellectuelles et dans les affections morales de l'ame? Si l'expérience nous prouve qu'il y a tel poison dont l'influence dispose l'homme à la crainte de l'eau et à mordre son semblable , seroit-il donc impossible qu'il y en eût un autre dont l'effet fût de le disposer au dégoût de la vie et au blasphême contre son auteur ? Ceci, au reste, n'est qu'une conjecture que l'observation d'un phénomène moral nous suggère ; et en indiquant un effet singulier de la nature, nous ne prétendons pas en expliquer la véritable cause ; nous respectons le voile impénétrable qui couvre ses mystères, et nous adorons en silence la main souveraine qui les dérobe à notre intelligence.

> Oui, même en ces objets, si présens à nos yeux,
> Tout devient invisible à l'œil trop curieux ;
> Et celui qui captive une mer furieuse,
> Borne aussi des humains la vue ambitieuse.
> Pour sonder la nature ils font de vains efforts ;
> Ils en verront les jeux et jamais les ressorts. (*Racine.*)

ACTE D'ACCUSATION,

RÉDIGÉ PAR UN CITOYEN,

CONTRE M. JÉROME DELALANDE.

IL est des crimes dans l'ordre social qui
échappent à la justice humaine ; il en est
qui n'échappent qu'aux lois seules, mais qui
ne peuvent échapper au mépris, (châtiment
plus terrible que le glaive des lois), et ceux-ci
sont du ressort de l'opinion ; c'est à l'opinion qu'il appartient de les punir ; c'est à
son tribunal qu'il convient de les dénoncer.

Tel est le crime qui fait aujourd'hui le
sujet de notre accusation.

Un homme célèbre dans les sciences, un
ancien académicien, un philosophe, et plus
que tout cela, un citoyen français, après soixante
ans de gloire et de travaux, arrivé au terme
de sa carrière, vient de donner un scandale
public à sa patrie, au monde savant, au

corps illustre dont il est membre, en flé-
trissant tout-à-coup dans la fange de *l'athéisme*
les titres et les couronnes qui décoroient ses
cheveux blancs.

Son nom étoit célèbre, il n'est plus que fameux.

Je ne sais s'il est jamais entré dans l'esprit humain, s'il est possible même de con-
cevoir un projet plus étrange et plus odieux
tout ensemble, que celui de vouloir s'illustrer
par l'infamie, d'élever un monument à la
gloire de l'athéisme, d'immortaliser par un
livre les prédicateurs du néant, de transmettre
enfin à la postérité, à côté des noms de ses
bienfaiteurs, ceux de tous les impies qui ont
paru dans le monde et qui ont ouvertement
méconnu l'existence de son auteur....

Il étoit réservé à notre siècle d'enfanter un
tel projet, et à M. Jérôme Delalande de réa-
liser cette sublime conception.

Celui qui brûla le temple de Diane à
Ephèse, afin de faire parler de lui dans la
postérité, celui-là, a dit un écrivain judicieux,
n'ètoit pas plus avide de renommée et n'avoit
pas une autre idée de la gloire que le grand
astronome que nous sommes forcés ici de
signaler à l'opinion publique. Tant que M.

Delalande s'est borné a prédire la pluie et le beau temps, à dénicher des comètes, à publier la contrefaction de l'almanach de Liège, sous le titre d'*Annuaire du bureau des longitudes*, il a naturellement pris sa place entre Nostradamus et Mathieu Laensberg ; ce qui lui assuroit une assez honnête célébrité. Mais *son Dictionnaire des Athées* et le nouveau *supplément* dont il vient de l'enrichir, l'élèvent tellement au-dessus de ses rivaux, qu'il ne lui reste plus qu'à mettre le feu à la bibliothèque impériale pour égaler au moins la réputation d'Erostrate et d'Omar.

Puisqu'on est enfin parvenu à prendre M. Delalande au sérieux, on devine bien que c'est très-sérieusement que nous lui parlons de cette entreprise ; il n'a besoin que d'une alumette pour s'emparer de l'immortalité.

Que renferment en effet ces vastes archives de la sagesse et de la folie humaine, qui put inspirer à M. Delalande le moindre regret ? Assurément ce ne sont pas les livres de *contro-verse* et de *théologie :* toutes les religions étant fondées sur l'existence d'un Dieu, les preuves qui l'établissent sont, aux yeux de cet astronome, tout ce qu'il y a de plus dangereux et de plus absurde. Partant ; voilà au moins deux salles de la Bibliothèque irrévocablement condamnées aux flammes.

Celles qui contiennent les ouvrages de *politique*, de *législation* et de *jurisprudence*, ne méritent pas plus d'égards ; car, enfin, les gouvernemens, la justice, les lois, les pouvoirs qui régissent le monde, ont tous une commune origine ; les conventions qui les établissent, les traités qui les discutent, ont pour base l'idée primitive de la Divinité. Dans les monarchies comme dans les républiques, chez les anciens comme chez les modernes, le système religieux est le fondement du droit public. Ainsi tous ces livres, aux yeux d'un véritable athée, sont dignes du feu.

Il feroit grace, peut-être, à ceux de *philosophie* et de *morale* ; mais il est évident que le Dictionnaire de M. Delalande et ses supplémens, suppléent à tout. Cet habile homme a le droit incontestable de renouveller le Dilemme d'Omar sur la Bibliothèque d'Alexandrie : ou ces livres ne contiennent que ce qu'il y a dans le Dictionnaire, et dans ce cas ils sont inutiles ; ou bien ils contiennent des principes contraires à l'athéisme, et dans ce cas ils sont dangereux. Dans l'un et dans l'autre, où est l'inconvénient de les brûler ?

Les ouvrages de *critique*, de *littérature*, d'*éloquence* et de *poësie* ne méritent pas de l'arrêter un moment. M. Delalande sacrifiera sans peine jusqu'à son *Voyage d'Italie*, où l'on ne découvroit pas même le germe de ses opinions actuelles ; il lui suffira de conserver le Poëme sur *l'astronomie*, de M. Gudin, ses Epitres amoureuses à la lune et les nouveaux Contes qu'il vient de publier : le reste ne vaut pas la peine d'être conservé, et doit être immolé sans pitié.

Nous avions pensé que les livres de *physique*, de *géométrie*, d'*astronomie*, et généralement tout ce qui regarde les *sciences exactes*, retiendroient peut-être la main philosophique de M. Delalande. Mais depuis que nous avons lu la lettre dans laquelle il annonce au public que le célèbre M. Garnerin a ouvert un cours où l'on apprend, *en deux heures*, tout ce qui a rapport à l'*électricité*, au *gaz*, à la *lumière* et à l'*aérostation*, nous avons reconnu l'inutilité de ces longs et savans ouvrages, qui rendent l'instruction si lente et si pénible ; encore deux ou trois hommes de cette force, pour nous mettre en état, dans quelques heures, de soutenir la thèse du fameux Pic-de-la-Mirandole : *De omni scibili*, et l'on voit que rien ne peut plus nous empêcher de *brûler nos livres*.

Il est d'autant plus convenable que M. Delalande adopte ce nouveau moyen d'assurer l'éternelle durée de son nom, que malgré le grand bienfait de son *Dictionnaire* et des *supplémens* dont il est enrichi, il est évidemment menacé de l'ingratitude générale, (comme tous les grands-hommes). Vainement il a voulu partager le fardeau de sa gloire, pour le soutenir plus aisément. La lettre suivante prouve à quel point la faveur et l'opinion publique s'éloignent de lui. Elle est authentique.

Lettre de Son Ex. M. François-de-Neuf-Chateau, président du Sénat conservateur.

« Je viens de recevoir, Monsieur, sous un
« couvert très-respectable, (ce qui ajoute à
« ma surprise), un imprimé in 8.º, qui est
« intitulé : *Second supplément au Diction-*
« *naire des athées*, par Jérôme Delalan-
« de. 1805. »

« Le régistrateur des athées classe par or-
« dre alphabétique les personnes qu'il dit
« avoir réclamé la faveur d'être comprises

« dans sa liste. A la bonne heure ; qu'il ac-
« corde cette mention honorable à ceux qui
« la désirent ! moi, qui la trouve flétrissante,
« je suis indigné, je l'avoue, que l'auteur
« d'un tel catalogue se soit permis de m'y
« placer, non seulement sans mon aveu, mais
« au mépris de tous les titres que j'ai à ses
« égards. J'ai l'honneur d'être Magistrat, et
« je suis père de famille. Je veux léguer un
« nom sans tache à un enfant que je chéris.
« Comment ose-t-on violer toutes les conve-
« nances au point de noircir au hazard, par
« l'imputation la plus odieuse de toutes, le
« nom d'un citoyen et d'un fonctionnaire
« qui attache un grand prix à l'estime de
« ses semblables ? »

« Je ne parle pas de l'idée qu'une telle
« nomenclature donneroit des Français aux
« autres peuples de l'Europe, si l'on pouvoit
« y voir l'ouvrage d'une tête rassise. Je me
« borne, Monsieur, à ce qui me concerne ;
« les critiques et les satyres ne peuvent m'é-
« mouvoir. Tout homme public doit s'atten-
« dre à des injustices publiques ; il faut tant
« qu'on le peut, bien faire et laisser dire :
« je le sais, mais il est des cas où il seroit
« honteux de garder le silence ; et s'il est des

« citations sur lesquelles on puisse se dispen-
« ser de comparoître, il en est aussi sur les-
« quelles on ne doit jamais se laisser condam-
« par défaut. »

« Je ne veux point, Monsieur, du brevet
« d'athéisme que l'on me distribue si gratuite-
« ment ; je le repousse avec horreur. En m'af-
« filiant à la secte de ceux qui peuvent croire
« leur existence incompatible avec l'existence
« de Dieu, l'auteur a voulu me donner une
« marque de son estime, et il m'a fait, contre
« son gré, un outrage cruel : il m'auroit fait
« bien moins de peine, s'il m'eût assigné une
« place aux petites-maisons. »

François-de-Neufchâteau.

Paris, 3 frimaire an 14.

(*Note du Rédacteur.*) Cette lettre, qui honore
le Magistrat dont elle porte le nom et dont elle ex-
prime les sentimens, cette lettre n'est pas la seule
réclamation qui se soit élevée contre M. Delalande.
Nous sommes positivement informés que la pre-
mière classe de l'Institut national, (l'Académie des
sciences), sur la plainte énergique d'un de ses
membres, que M. Delalande avoit pareillement
honoré d'un brevet d'athéisme, a eu la foiblesse de

manifester la plus vive indignation contre ce procédé. Cette compagnie, l'une des plus savantes et des plus illustres de l'Europe, s'est crue obligée de témoigner le mépris le plus profond pour un dogme destructeur de la morale et de la société, et d'isoler pour ainsi dire, M. Delalande dans ce qu'on appelle vulgairement sa honte et son extravagance. Il y a de quoi le faire désespérer de son siècle et de l'humanité.

> On perd bien du repos pour faire un peu de bruit.
> Eh ! le bruit vaut-il donc la peine qui le suit ?

Diderot, philosophe et athée comme M. Delalande, rencontroit aussi de temps en temps de ces légères contradictions. Point de gloire sans nuage. Dans les maisons où l'on avoit le courage de l'admettre, on nommoit ordinairement un *avocat de Dieu*. La philosophie n'a jamais eu de raisonneur plus débridé. Son éloquence ne lui valut cependant qu'une épigramme assez originale et assez piquante que nous soumettons ici à l'excellent goût de M. Delalande, sous le bon plaisir de ses juges et des nôtres.

> « Le fier Dorval, tout rempli d'égoïsme,
> « Va disputant et du mal et du bien :
> « On croiroit voir, à son triste maintien,
> « Un capucin qui prêche l'athéisme.
> « Crois-moi, Dorval, c'est un sot héroïsme
> « Que la fureur d'être martyr de rien ;
> « J'aimerais mieux lire mon catéchisme,
> « Que m'ennuyer pour n'être pas chrétien. »

JUGEMENT

DE CONDAMNATION

DE M. JÉRÔME DELALANDE,

PRONONCÉ

PAR LES PHILOSOPHES.

———

Après avoir cité M. Delalande, (l'apologiste des athées), au tribunal de sa propre conscience ; après l'avoir dénoncé au tribunal de l'opinion publique, juge naturel du mérite des opinions particulières , il est temps de le traduire enfin au tribunal-suprême de la philosophie moderne, et de le faire condamner par ses pairs. M. Delalande ne récusera pas , sans doute, pour ses juges ceux qu'il a pris pour ses maîtres ; et le prédicateur de l'athéisme, condamné par les apôtres de la tolérance , n'apellera pas de leur jugement.

Pour procéder avec ordre, posons d'abord un principe général, universellement reconnu;

nous y rapporterons ensuite les autorités qui tendent à le confirmer.

C'est un principe avoué par tous les publicistes et par les philosophes-mêmes les plus tolérans, que la société a droit de s'opposer à tout ce qui contrarie son régime ; qu'elle a droit de proscrire tout ce qui offense son intérêt. La publication d'une opinion dangereuse est un acte qui trouble la société, qui compromet son repos, sa sûreté, son bonheur, et que les dépositaires de l'autorité publique doivent réprimer. Tout ce qui porte atteinte à l'ordre social, doit être mis au rang des crimes.

L'athéisme est-il une de ces opinions dangereuses, dont la manifestation doive être prohibée par un gouvernement sage ? C'est ce qu'il s'agit maintenant de décider. Allons aux voix, et écoutons là-dessus les oracles de la sagesse moderne :

Je m'adresse d'abord à Bayle, le précurseur du grand jour, le père de la lumière philosophique dont nous sommes éclairés, et voici sa réponse :

« L'athéisme publiquement professé, est punissable suivant le droit naturel, puisqu'en détruisant les principes des mœurs, il blesse les intérêts de la société. Il n'y a rien de si contagieux que d'établir de faux principes. En général, pour apprécier un système de doctrine relativement à l'influence qu'il peut avoir, il faut examiner à quelles notions morales et pratiques il conduiroit les hommes, en supposant qu'ils fussent conséquens, car un certain nombre d'hommes le seront, et leur exemple influera sur beaucoup d'autres : le plus grand nombre, d'ailleurs, sans suivre ce système de point en point, en recevra des impressions, qui, dans mille circonstances, détermineront d'autant plus sûrement leur conduite, que leurs faux principes seront plus d'accord avec leurs passions. Pour confondre l'athéisme, il suffit de l'attaquer par ses conséquences. »

« Le systême de Spinosa et des athées qui adoptent ses abominables rêveries, (C'est toujours Bayle qui parle), surpasse l'entassement de toutes les extravagances qui se puissent dire ; c'est la plus monstrueuse hypothèse qui puisse s'imaginer, la plus absurde. Un athée ne pouvant être poussé à dogmatiser, ne pourra alléguer aux Magistrats cette sentence : *Il vaut mieux obéir à Dieu qu'aux hommes*, que nous regardons comme une barrière impéné-

trable à tout juge séculier. Un athée, des-
titué qu'il est de cette grande protection, de-
meure justement exposé à toute la rigueur
des lois, et il pourra être châtié comme un
séditieux qui, ne croyant rien au-dessus des
lois humaines, ose néanmoins les fouler aux
pieds. »

Vous l'entendez, Monsieur Delalande, l'illustre sceptique est ici bien affirmatif. Ce jugement est sévère, mais il est motivé ; ce
châtiment est terrible, mais est-il juste ?

Cherchons un juge plus modéré, (si toute
fois il en est), et adressons-nous à Voltaire
son disciple, au grand apôtre de la tolérance,
au patriarche de la secte encyclopédique. Que
nous dit-il ?

« Il est absolument nécessaire, pour les
princes et pour les peuples, que l'idée d'un
Être-suprême, créateur, rémunérateur et vengeur, soit profondément gravée dans les esprits.
Quand la croyance d'un Dieu n'auroit retenu
que quelques hommes sur le bord du crime ;
quand cette opinion n'auroit prévenu que dix
assassinats, dix calomnies, dix jugemens ini-
ques sur la terre, je tiens que la terre entière doit l'embrasser. »

« Otez aux hommes l'opinion d'un Dieu
rémunérateur et vengeur, Sylla et Marius se

baignent alors avec délices dans le sang de leurs concitoyens ; Auguste , Antoine et Lépide surpassent les fureurs de Sylla ; Néron ordonne de sang-froid le meurtre de sa mère. Il est certain que la doctrine d'un Dieu vengeur étoit alors éteinte chez les Romains, sur-tout parmi les grands. »

« L'athée , fourbe , ingrat , calomniateur, brigand , sanguinaire , raisonne et agit conséquemment, s'il est sûr de l'impunité de la part des hommes ; car , s'il n'y a point de Dieu , ce monstre est son Dieu à lui-même ; il s'immole tout ce qu'il désire ou tout ce qui lui fait obstacle ; les prières les plus tendres, les meilleurs raisonnemens ne peuvent pas plus sur lui que sur un loup affamé de la rage. . . . »

« Je ne voudrois pas avoir affaire à un prince athée , qui trouveroit son intérêt à me faire piler dans un mortier , je suis bien sûr que je serois pilé. Je ne voudrois pas, si j'étois souverain , avoir affaire à des courtisans athées, dont l'intérêt seroit de m'empoisonner ; il me faudroit prendre au hazard du contre-poison tous les jours. Une société particulière d'athées qui ne se disputent rien et qui perdent leurs jours dans les amusemens de la volupté , peut durer quelque temps sans trouble ; mais si le monde étoit gouverné par des athées, il vaudroit autant être sous l'empire immédiat de ces êtres informes qu'on nous peint acharnés contre leurs victimes, et qui ont leur séjour ou fond des enfers. »

Eh bien! Monsieur Delalande, que vous semble de cette décision? est-elle plus douce que celle du précurseur? Si vous n'êtes pas foudroyé par cet anathême du grand apôtre, vous êtes, en vérité, le plus fort des esprits-forts, et je vous admire!

Ecoutons maintenant le bon Jean-Jacques, l'ardent ami de l'indépendance, l'ennemi juré des philosophes persécuteurs, et philosophe persécuté lui-même; écoutons ce qu'il va nous dire.

« Je hais, (c'est lui qui parle), je hais les mauvaises maximes encore plus que les mauvaises actions; car, ce ne sont que les passions déréglées qui inspirent les mauvaises actions; mais les mauvaises maximes corrompent la raison-même, et ne laissent point de ressources pour revenir au bien. »

« Sortez de l'idée d'un Dieu, et d'un Dieu juste, qui punit et qui récompense, je ne vois plus qu'injustice, hypocrisie et mensonge parmi les hommes. L'intérêt particulier, qui, dans la concurrence, l'emporte nécessairement sur toutes choses, apprend à chacun d'eux à parer le vice du masque de la vertu. Que tous les hommes fassent mon bonheur aux dépens du leur; que tout se rapporte à moi seul; que le genre-humain meurt, s'il le faut, dans la peine et dans la misère, pour m'épargner un moment de douleur ou de faim, tel est le langage intérieur de tout incrédule qui raisonne. »

« Rien de si détestable que cette licence sacrilège de contester l'existence de Dieu. Si l'athéisme ne fait pas verser le sang, (Il n'avoit pas vu le règne des athées révolutionnaires), c'est moins par amour de la paix que par indifférence pour le bien; ses principes ne sont pas de tuer les hommes; mais ils les empêchent de naître, en détruisant les mœurs qui les multiplient, en les détachant de leur espèce, en réduisant toutes leurs affections à un secret égoïsme aussi funeste à la population qu'à la vertu. »

« L'existence de la Divinité puissante, intelligente et bienfaisante, la vie à venir, le bonheur des justes, le châtiment des méchans, la sainteté du contrat-social et des lois, voilà des dogmes sans lesquels il est impossible d'être bon citoyen ni sujet fidèle; sans pouvoir obliger personne à les croire, le souverain peut bannir de l'état quiconque ne les croit pas, non comme impie, mais comme insociable, comme incapable d'aimer sincèrement les lois et d'immoler au besoin sa vie à son devoir. »

Hélas! mon cher Monsieur Delalande; qui l'auroit crû? Jean-Jacques, le bon, le sensible Jean-Jacques, c'est lui qui a fulminé contre vous cette terrible excommunication politique! Où trouver de la pitié sur la terre?

Tournons-nous enfin du côté de nos meilleurs amis; jetons-nous dans les bras de notre cher et digne confrère en athéisme, du génie créateur de l'encyclopédie, de Diderot et compagnie; celui-ci, sans doute, aura pour nous des entrailles; prêtons l'oreille.

« L'homme le plus tolérant ne disconviendra pas que le Magistrat n'ait droit de réprimer ceux qui osent professer l'athéisme, et de les faire périr même s'il ne peut autrement en délivrer la société. Personne ne révoque en doute que le Magistrat ne soit pleinement autorisé à punir ce qui est mauvais et vicieux et à récompenser ce qui est bon et vertueux. S'il peut punir ceux qui font du tort à une seule personne, il a sans doute autant de droit de punir ceux qui en font à toute une société, en niant qu'il y ait un Dieu ou qu'il se mêle de la conduite du genre humain. »

« Un homme qui fait profession ouverte d'a-
théisme, peut être regardé comme l'ennemi
de tous les autres, puisqu'il renverse tous les
fondemens sur lesquels leur conservation et
leur félicité sont principalement établies. Un
tel homme pourroit être puni par chacun
dans le droit de nature; par conséquent le
Magistrat doit avoir droit de punir, non seulement ceux qui nient l'existence d'une Divinité, mais encore ceux qui rendent cette
existence inutile en niant sa providence, ou
en prêchant contre son culte. Les blasphéma-
teurs, les athées doivent être traités comme les
malfaiteurs et les empoisonneurs publics. »

Qu'entens-je! Les éditeurs de l'encyclopédie,
nos frères, nos amis-mêmes au nombre des in-
tolérans, des proscripteurs de l'athéisme!..
Ah! pour le coup, il ne reste plus qu'à nous
envelopper la tête et à nous abandonner à
notre sort....

Eh! oui, Monsieur Delalande, il y a de quoi
mourir de désespoir en effet. Vous voilà condamné sans appel, dans tous les tribunaux du
monde; condamné par votre conscience, condamné par l'opinion, condamné par la philo-
sophie-même; poursuivi à la fois par les scep-
tiques, par les déistes, par les athées, par vos

maîtres, par vos propres amis. S'ils en sont crus sur leur parole, si l'on vous juge d'après leur doctrine, vous êtes un homme perdu; votre ruine est décidée, elle est irrévocable; tout l'univers se ligue et s'arme pour vous proscrire comme un ennemi du genre-humain; la société vous rejette de son sein comme un membre gangrenné : l'autorité vous frappe comme un vil criminel; elle ne vous laisse d'alternative qu'entre le bannissement, la prison ou la mort.

Victime du malheur, maudit de la nature,

Il ne vous reste pas une pierre pour reposer votre tête; vous restera-t-il une tombe pour y cacher votre honte? O! que la condition d'un homme sans Dieu est misérable, puisqu'il n'a d'autre refuge sur la terre que le néant, et qu'il ne lui reste pas même l'espérance..... la dernière ressource de l'homme malheureux.

Monsieur Delalande, je vous plains; car, en vérité, je vous crois digne d'un meilleur sort, et il me vient un violent soupçon; c'est que vous n'êtes pas un véritable athée; vous n'êtes pas un monstre, un égoïste, un méchant homme. Je vous crois un excellent fond; mais vous avez un vilain masque; vous avez pris un mauvais rôle, et vous voulez soutenir votre personnage. Vous voulez être le chef d'une nouvelle école, le fondateur d'une nouvelle secte, et vous sacrifiez tout à cette belle ambition. Peut-être même voulez-vous être le martyr de l'athéisme parmi ceux qui adorent un seul Dieu, comme Socrate fut le martyr de la Divinité parmi ceux qui en adoroient plusieurs. Vous voulez étonner le monde et faire ce qu'on appelle *du bruit.* Eh bien, Monsieur, je vous le prédis, votre espoir ambitieux sera trompé; vous n'aurez point parmi nous les honneurs de la persécution; on ne vous brûlera point; on ne vous bannira point; on ne vous emprisonnera point; on cessera même de parler de vous; on laissera tomber votre livre dans l'oubli; vous survivrez enfin à votre petite gloire, et vous ne serez que le martyr de votre vanité.

Monsieur Delalande, je vous l'ai déjà dit, vous arrivez trop tard; le monde est trop instruit; le temps est trop précieux; le bois est trop utile; et un athée est trop peu de chose.

On le prive aujourd'hui des honneurs du bûcher;
On laisse à Lucifer le soin de le brûler.